Tomasz Hejnowicz

Pożegnanie z Facebookiem

(esej)

Poznań 2020

Autor: **Tomasz Hejnowicz**

Tytuł: **„Pożegnanie z Facebookiem"**

Skład i grafika: **autor**

Wydanie I, 2020 rok

Przedmowa

Co skłoniło mnie do napisania tego tekstu?

Odpowiedź jest prosta – dziwna krzywda jaka mnie spotkała w związku z zamieszczanymi w internecie tekstami, poglądami, zdjęciami i tzw memami. Okazało się, że wolność w sieci internetowej jest bardzo złudna, coraz bardziej ograniczana w imię inwazji „poprawności politycznej" – elementu wojny kulturowej XXI wieku.

Otrzymałem dwa ciosy medialne:

1.   Pierwszy – rok wcześniej, gdy wielka i potężna księgarnia internetowa Amazon zablokowała moje konto i uniemożliwiła sprzedaż moich książek, uzasadniając swą decyzję tym, że znajdują się w nich niewłaściwe treści, niezgodne z polityką i regulaminem Amazona (!),
2.   Drugi – zablokowanie i zamknięcie mojego konta na Facebooku – największym portalu społecznościowym, uzasadnione podobnie jak w Amazonie – „prezentowane przeze mnie treści są niezgodne z regulaminem portalu".

Jak do tego wszystkiego mogło dojść? No cóż, aby to wszystko zrozumieć spróbuję dokonać retrospekcji, oraz przemyśleć historię, teraźniejszość, a nawet przewidzieć przyszłość kultury i cywilizacji. Megalomania? Nie. Po prostu na moim przykładzie, w mikroskali, można zobaczyć niebezpieczne mechanizmy medialne, manipulacje jakie zagrażają pojedynczym ludziom, grupom, narodom, ludzkości…

Nadepnąłem na ogon jakiejś bestii, a ona kopnęła mnie kopytem, by mnie przestraszyć, by ludziom podobnym do mnie pokazać gdzie jest ich miejsce…

Zainteresowania

W dzieciństwie, z powodu nędzy i ubóstwa, jedynymi moimi „radościami" było rozkręcanie zepsutych zegarków, oglądanie bajek za pomocą starego projektora, zabawy zdalnie sterowaną Wołgą i motorówką w wannie. Prawdziwą chwilą szczęścia było otrzymanie na święta kolejki PIKO. Jesienne dni ubarwiała zabawa samochodzikiem – metalowym, żółtym „matchboxem". Była to taksówka marki Chevrolet Impala. Latem największą frajdą była jazda na starym rowerze... To wszystko.

W mojej młodości fascynowano się sportem, motoryzacją, fotografią, filmem, muzyką. To były lata płyt winylowych, magnetofonów, UKF-u, motorowerów, motocykli, pierwszych Fiatów 125p i 126p. To były lata wszechobecnej prasy, zarówno dla dorosłych jak i dla młodzieży i nawet dla dzieci, oraz powszechnego czytania książek. To były też lata czarno-białej, a później kolorowej telewizji. Dziennik Telewizyjny niewiele nas obchodził. Telewizja, czasem emitująca amerykańskie seriale, lub czeskie i francuskie komedie, otwierała małe okno na inny, kolorowy świat.

Czym się wówczas zajmowałem? Majstrowałem przy gramofonach, starych radioodbiornikach, które przerabiałem na wzmacniacze. Ze zdobycznych głośników i starych szafek budowałem kolumny głośnikowe, chodziłem po dachach i strychach montując anteny odbiorcze, z płyt lub z UKF-u nagrywałem muzykę (kilka razy prowadziłem dyskotekę). W starych samochodach montowałem radia i głośniki. Moim wielkim hobby stała się fotografia – w piwnicy stworzyłem dobrze wyposażoną ciemnię, w której wywoływałem zdjęcia wykonywane we wszelkich możliwych miejscach. Ta fotograficzna fascynacja zaowocowała w 1985 roku napisaniem pedagogicznej pracy magisterskiej.

Telewizja

Pierwszymi mediami, które w latach 60-tych i 70-tych XX wieku wywierały wpływ na rozwój intelektualny młodzieży były kino i telewizja. Kino dostarczało kolorowej rozrywki i ruchomych obrazów zachodniego, „wolnego" świata. Telewizja dostarczała innej strawy – wiadomości ze świata i z kraju, oraz (na tyle ile można to było zrobić) przy siermiężnej technice – dobrej rozrywki.

Stałymi pozycjami telewidza były zatem: Dziennik Telewizyjny o godzinie 19.30, poniedziałkowy Zwierzyniec dla dzieci o godzinie 17.00 (miś Yogi i Bubu, Mickey Mouse, Gorilla Magilla), poniedziałkowy Teatr Telewizji o godzinie 20.00, czwartkowy Teatr Sensacji Kobra, niedzielny – południowy program „W starym kinie", bajki dla dzieci o godzinie 19.00 (Jacek i Agatka, Miś z okienka, Bolek i Lolek). Dwa programy telewizyjne rozpoczynały pracę około godziny 16.00…

Władze PRL-u na początku nie przywiązywały wagi do tego medium. Raczej chwaliły się zwiększaniem zasięgu i asortymentu programów. Dopiero później zorientowały się jak wielki wpływ na społeczeństwo można uzyskać poprzez telewizję i radio. To był stopniowy proces.

Mniej więcej od początku lat 70-tych XX wieku, gdy nastąpiły gwałtowne przemiany społeczne, do telewizji wkroczyła wielka propaganda. Jednocześnie rozwijały się możliwości techniczne mediów. Do telewizji wkroczył kolor, a do radia wysoka jakość dźwięku uzyskiwana na falach UKF.

Komputery

Nie były fascynacją mojego dzieciństwa. Po prostu komputery osobiste wówczas nie istniały. Jedyny znany mi komputer znajdował się w centrum obliczeniowym nieopodal poznańskiej opery i służył do jakiś „poważnych" obliczeń. Większość młodych ludzi wiedziała, że jest to strefa i sfera zarezerwowana dla bardzo ścisłych umysłów.

Kiedy pojawił się u mnie pierwszy personalny komputer?

W 1985 roku. Kuzyn zaoferował pomoc w opracowaniu danych statystycznych do wspomnianej pracy magisterskiej. Przywiózł małą maszynkę, która nazywała się ZX Spectrum, uruchomił arkusz kalkulacyjny i pokazał jak wprowadzić dane i potem obliczyć ich korelację. Zdumiała mnie szybkość z jaką poradziłem sobie ze skomplikowanymi obliczeniami, a przy okazji zobaczyłem jakie możliwości medialne posiada ta „maszynka". Podłączona do kolorowego telewizora dawała możliwość wykonywania obliczeń, pisania tekstów, tworzenia baz danych, tworzenia prostej grafiki i… wspaniałej zabawy.

Zacząłem czytać „Bajtka", w którym redaktorem naczelnym był późniejszy prezydent Kwaśniewski, i już wówczas zorientowałem się, że taki komputerek podłączony do sieci telefonicznej może przekazywać informacje do drugiego komputera. Słowo – pojęcie BBS może komuś coś przypomni, coś powie…

Postanowiłem kupić komputer. Ze względu na zainteresowania medialne wybór padł na komputerek Commodore, który miał większe możliwości graficzne i muzyczne niż ZX Spectrum. Generował kolorowy obraz o lepszej rozdzielczości, oraz dobrej jakości dźwięk stereofoniczny.

No i tu nastąpiła dziwna niespodzianka. W tym czasie do archaicznej sieci antenowej spółdzielnia mieszkaniowa wprowadziła kilkanaście programów telewizji satelitarnej. Wszystkie mieszkania były wtedy połączone jednym koncentrycznym kablem. Komputer Commodore, później Amiga, połączony trójnikiem z telewizorem za pomocą kabla antenowego, zaczął generować sygnał telewizyjny w całym pionie – na dziesięć pięter!

Okazało się, że lokatorzy szukający nowych programów telewizyjnych nagle zobaczyli na ekranach swych telewizorów gry komputerowe: Mario i Lemings. Dobrze, że dość wcześnie zorientowałem się w tym problemie, bowiem sąsiedzi mogliby przypadkiem zobaczyć moje dokumenty.

Świadomość nadawania pirackiego programu pozwoliła mi potem robić różne psikusy. Nadawałem sąsiadom komunikaty o wynoszeniu śmieci i wzywałem do respektowania ciszy nocnej. Stworzyłem **„piracką stację telewizyjną jednego pionu wielkiego wieżowca”**. Uruchomiłem własne studio, które trudno było wykryć… Ciekawe doświadczenie.

Potem, ze względu na atrakcyjną finansowo propozycję prowadzenia kółka komputerowego, musiałem nauczyć się systemu używanego w najbardziej popularnych, profesjonalnych – użytkowych komputerach. Wraz ze wspomnianym kuzynem zmontowałem pierwszego PC-ta z systemem DOS i nakładką Windows. Przeszedłem pierwszy kurs obsługi komputera, zdobyłem pierwsze kwalifikacje. Po kilku latach ukończyłem studia podyplomowe informatyki na Wydziale Matematyki i Informatyki UAM w Poznaniu.

Microsoft – certyfikaty i wirusy

Zainteresowanie komputerami dość niespodziewanie przerodziło się w prawdziwą pasję. W szkole zacząłem prowadzić kółko komputerowe, a po pracy jeździłem po mieście i okolicach naprawiając komputery i oprogramowanie. To były „złote lata". Klientów nie brakowało, czasem brakowało sił… Niewyspany, po wieczornych i nocnych naprawach, od rana musiałem prowadzić zajęcia w jednej, a w czasach największej „prosperity" w trzech szkołach. Krezusem nie zostałem, ale zarobione pieniądze wystarczyły na zakup kolejnych, starych samochodów, oraz na paliwo i naprawy tych pojazdów.

To były czasy wielkiego monopolu firmy Microsoft. Powstawały kolejne wersje systemu Windows: 3.11, 95, 98, 2000, NT, Me (Millenium), XP… Na rynku oprogramowania szalało piractwo. Na giełdach komputerowych można było za grosze kupić kolejne wersje systemów operacyjnych i specjalistycznego oprogramowania (nawet dla grafików i architektów). Jeździłem do klientów, instalowałem im oprogramowanie. Skąd brali oprogramowanie specjalnie mnie nie interesowało. Wszyscy byli bardzo zadowoleni.

W pewnym momencie firma Microsoft nie wytrzymała istnienia ogromnego rynku nielegalnego oprogramowania. Zaczęła walczyć z „piractwem". Wprowadziła pierwsze **certyfikaty** i **hologramy** zabezpieczające system operacyjny i po pewnym czasie obowiązek internetowej legalizacji oprogramowania. Klienci, którzy nie posiadali internetu musieli łączyć się telefonicznie z polskim przedstawicielstwem firmy Microsoft. Po awarii systemu musieli robić to ponownie. System łączności z tą firmą był wówczas bardzo kulawy. Użytkownicy mieli wiele problemów…

Dość zabawne i prawie nieszkodliwe wirusy komputerowe istniały już od dawna, ale w pewnym momencie nastąpił prawdziwy „wysyp" niebezpiecznych i bardzo złośliwych wirusów. Nowe wirusy niszczyły zawartość dysków twardych, a nawet potrafiły zniszczyć sprzęt i to bardzo dosłownie. Powstały wirusy, które mogły wywołać pożar komputera! Później pojawiły się programy wirusopodobne, służące do wykradania danych, lub zmuszania użytkowników do ponoszenia nienależnych opłat za odblokowanie danych.

Nastąpiły kolejne „złote lata" dla informatyków, oraz serwisantów komputerowych naprawiających zniszczone podzespoły. Na rynku zaczęły działać firmy oferujące programy antywirusowe. Początkowo były to bezpłatne, bardzo skuteczne aplikacje. W Polsce królował mks_vir, a na świecie: AVS, AVG, Eset, Kaspersky. W tworzenie takich programów zaangażowały się silne ekipy informatyków z USA, Rosji, Izraela... Wszyscy, oprócz końcowych – detalicznych użytkowników komputerów, zaczęli zarabiać spore pieniądze. Kilka groszy wpadło również do mojej ręki.

Istniała wówczas pewna zmowa milczenia – informatycy zaczęli podejrzewać, że tworzeniem wirusów zajmują się także twórcy oprogramowania antywirusowego. Nikt tego głośno nie mówił. Jak by to nazwali chłopcy z CIA – powstała „teoria spiskowa" wirusów komputerowych. **Twórcy „szczepionek" komputerowych, sprzedawcy tych szczepionek i wykonawcy szczepień byli bardzo zadowoleni... a zaszczepieni „antywirusowo" byli już bardzo spokojni i szczęśliwi...**

Instalując przez wiele lat oprogramowanie systemowe firmy Microsoft zauważyłem bardzo ciekawą sprawę. Po zainstalowaniu zupełnie świeżej kopii systemu Windows, przy pierwszym uruchomieniu przeglądarki internetowej, automatycznie pojawiały się strony z wiadomościami MSN żywcem wzięte z Gazety Wyborczej i TVN-u. Tu nie było „gołej" strony startowej. Tu nie było wyboru. Na dzień dobry nowy użytkownik zawsze był bombardowany starannie spreparowanymi informacjami.

Ciekawe?

Linux

Z tym systemem operacyjnym zetknąłem się na przełomie wieków. Byłem wówczas wykładowcą informatyki w wyższej szkole hotelarstwa. Jeden z kolegów – doktor informatyki, prawdziwy zapaleniec i fascynat Linuksa, stworzył w tej szkole serwer obsługujący kilka pracowni komputerowych. Podczas wspólnych rozmów w kafejce szkolnej dosłownie zaraził mnie tym systemem. Warto wiedzieć, że pisownie: Linux i spolszczona Linuks są prawidłowe – zamienne.

Zacząłem eksperymentować na swoim komputerze. Poznałem i zainstalowałem na nim większość dystrybucji takich jak np. Red Hat, Debian, Mandriva, Knoppix. Wielu już dziś nie pamiętam. Próbowałem wśród nich znaleźć dystrybucję najbardziej przyjazną i łatwą do migracji dla dotychczasowych użytkowników „jedynie słusznego" systemu Windows.

W tym czasie nawiązałem kontakt z firmą, która przywoziła z zachodniej Europy sprzęt po-leasingowy. Udało mi się namówić radę rodziców szkoły podstawowej na sfinansowanie zakupu używanych, markowych komputerów IBM.

Komputery te miały słabe parametry techniczne – małą pojemność dysków i małą ilość pamięci RAM. Zgodnie z posiadaną wiedzą podjąłem decyzję zainstalowania na nich specjalnej, edukacyjnej wersji Linuksa.

Pracownia komputerowa wyposażona w 12 komputerów ruszyła „pełną parą". Dodatkowym argumentem (nie do przecenienia) był niezaprzeczalny fakt, że Linuks był i jest darmowy. Opracowałem własny program nauczania, uwzględniający podstawę programową nauczania informatyki. Wszystko pięknie pracowało przez cały rok szkolny. Komputery dosłownie „śmigały". W tym czasie zainstalowałem kilka takich komputerów (z drukarkami) w pokoju nauczycielskim i w sekretariacie szkoły. Niestety, spotkałem się z niezrozumieniem, a nawet protestami. Niektóre nauczycielki, oraz sekretarka, nie chciały pracować na komputerach działających w systemie Linuks! Jedna nauczycielka popłakała się... Na nic zdały się moje wysiłki, nikt nie chciał słuchać moich wypowiedzi typu: „samochód może jechać na benzynie, oleju napędowym, na gazie – wystarczy odrobina pracy i przyzwyczajenia...”

Spotkało mnie ogromne zaskoczenie, gdy po wakacjach, bez mojej zgody, wszystkie komputery zostały przeinstalowane! Szkoła zakupiła systemy Windows XP, pakiety Office i oprogramowanie antywirusowe. Letnią porą, jakiś nieznany mi serwisant instalował oprogramowanie, które całkowicie zamuliło komputery. Dla znających temat – 512kB lub 1MB pamięci RAM, procesory 486, dyski 250MB – takie parametry naprawdę nie nadawały się do tego pamięciożernego systemu!

No ale rodzice, dyrekcja, nauczyciele i inni pracownicy wiedzieli swoje. Można było się popłakać. Zajęcia informatyczne stały się katorgą. Na szczęście potem przyszedł czas na komputery Apple.

Linuksa używam już ponad dwadzieścia lat, od wielu lat instaluję go moim krewnym i znajomym, którzy potem chwalą sobie jego szybkość, brak wirusów, przyjazny interfejs. Poza tym, że jest darmowy, to gra na nosie miliarderom z doliny krzemowej, zwłaszcza Billowi Gatesowi.

Samochód jest samochodem niezależnie od silnika i zasilającego go paliwa, a komputer zawsze pełni te same funkcje, niezależnie od zainstalowanego systemu operacyjnego. i co ciekawe – Android, który dziś zdominował 90% smartfonów jest dzieckiem Linuksa... Pozostałe 9% to iOS Apple'a w iPhonach, no i gdzieniegdzie jeszcze dogorywa smartfonowy Windows.

Apple i jego iOS

Pierwszy raz z komputerem Apple i systemem iOS spotkałem się już pod koniec lat 80-tych XX wieku. Był to mały laptop, którym posługiwała się pewna znajoma, która do Polski przyjeżdżała tylko na wakacje. Awaria tego sprzętu dała mi wówczas możliwość zapoznania się z instalacją (z 10 dyskietek!) nieznanego systemu operacyjnego. Udało mi się spolonizowanie tego systemu...

W XXI wieku nastąpił boom na ministerialne wyposażanie szkół w nowe pracownie komputerowe. W związku z tym, że dyrekcja nie miała pojęcia o co w tym wszystkim chodzi, zostałem wydelegowany na konferencję dyrektorów szkół z przedstawicielami najważniejszych firm komputerowych. Okazało się, że ilość pracowni jest ograniczona i przyznanie pracowni będzie zależeć od prawidłowo uzasadnionych wniosków, które zostaną rozstrzygnięte przez kuratorium oświaty.

Jednocześnie na tych konferencjach zostały zaprezentowane alternatywne systemy. Firmy Microsoft i Apple przedstawiły prezentacje swoich komputerów. Większość dyrektorów i nauczycieli informatyki nie miała zielonego pojęcia o komputerach Apple i systemie iOS. Świadomie wybrałem „ugryzione jabłuszko" wiedząc o jego stabilności, nowoczesności i właściwościach multimedialnych. Nie miałem tu konkurencji.

Wypełniłem wniosek, dyrekcja podpisała, kuratorium zatwierdziło wybór i do mojej szkoły trafiła niezwykle nowoczesna pracownia wyposażona w komputery iMAC. Komputery były zintegrowane w monitorze, nie potrzebowały skomplikowanego okablowania, łączyły się z Internetem za pomocą WiFi. Dla wielu nauczycieli, rodziców i uczniów to był prawdziwy szok technologiczny. Do pewnego czasu...

Idealnie działający system operacyjny, który nie potrzebował skomplikowanych zabezpieczeń antywirusowych i który był w pełni funkcjonalny „biurowo", oraz medialnie, był dla nich zupełnie obcy i niezrozumiały. Zażądali zainstalowania na tych komputerach jedynie słusznego oprogramowania Microsoftu, czyli Windowsa i biurowego pakietu Office.

No cóż, spełniłem wolę „ludu pracującego miast i wsi oraz inteligencji pracującej" i za niemałe pieniądze wydane przez szkołę na to oprogramowanie (około 11 tysięcy złotych) zainstalowałem to co chcieli. Od tego momentu w super komputerach Apple można było wybierać dwa systemy operacyjne.

Po kilku latach okazało się, że również iOS miał swoje wady – konieczne aktualizacje oprogramowania okazały się tak drogie, że szkoły nie było na nie stać. Wspaniały, futurystyczny sprzęt firmy Apple pracował potem na starych, nieaktualizowanych systemach operacyjnych iOS i Windows XP. „Jak się nie ma na benzynę, to samochodu nie należy kupować"…

Po wielu latach komputery Apple zaczęli używać moi krewni i znajomi. Zazwyczaj były używane do profesjonalnych zadań: do tworzenia grafiki, komponowania muzyki, do obróbki filmów.

Pojawiły się pierwsze i nieliczne wirusy, ale system operacyjny wymyślony tylko dla tych komputerów i tak okazał się najlepszy i najbardziej bezpieczny. Użytkownicy Apple jednocześnie i często stawali się posiadaczami smartfonów iPhone, które integrowały pomiędzy nimi pocztę, komunikatory i inne usługi.

Telefony i smartfony

Ten rozdział znalazł się tu nieprzypadkowo.

W latach 60-tych XX wieku posiadanie telefonu było luksusem i wyróżnieniem. Tak się w życiu złożyło, że mieszkałem w mieszkaniu, w którym był zainstalowany służbowy telefon. W ciągu dnia numer był wykorzystywany przez sekretariat szkoły, a po południu i wieczorem (i zwłaszcza podczas ferii i wakacji) telefon był przeznaczony do alarmowania różnych służb. Rodzice nie telefonowali w innych celach, obawiając się płacenia słonych rachunków. Natomiast krewni i znajomi znali numer tego telefonu i w ważnych sprawach zawsze mogli się z nami skontaktować.

Po ukończeniu liceum, by nie być wcielonym do wojska, po pierwszej nieudanej próbie dostania się na studia dzienne, zacząłem naukę w policealnej szkole łączności – specjalność telekomutacja. Niespodziewanie tematy techniczne związane z telefonią na tyle mnie zainteresowały, że bardzo chętnie i dogłębnie poznawałem tajniki działania telefonów i central telefonicznych.

Gdy po konflikcie mojego ojca z dyrektorem szkoły odebrano mu telefon służbowy, bez większego trudu poradziłem sobie z tym problemem. Kilka sztuczek w skrzynce telefonicznej i… mieszkanie służbowe znów posiadało telefon – tym razem „tajny służbowy telefon". Działał tak samo i na tym samym numerze.

Po usamodzielnieniu się i wyprowadzeniu do własnego mieszkania przez kilka lat bardzo brakowało mi telefonu. Pewnego dnia, dzięki bardzo niezwykłemu zbiegowi okoliczności, udało się podłączenie linii telefonicznej.

Zainstalowałem wówczas nowy wynalazek – automatyczną sekretarkę, odbierającą połączenia podczas nieobecności. Urządzenie posiadało zdalną możliwość odsłuchiwania rozmów, a nawet konfiguracji za pomocą odpowiedniego kodu (PIN). Traf chciał, że teściowa całkiem przypadkowo uruchomiła taki kod i nagrała siebie jako powitanie. Po wykonaniu następnego połączenia usłyszała swój tekst. Obraziła się potem na mnie mówiąc, że stroję sobie z niej żarty. Taka to była technika nowoczesna...

Umiejętności telekomutacyjne przydały się jeszcze podczas służby wojskowej. Nie istniały dla mnie blokady połączeń z liniami cywilnymi, miejskimi, międzymiastowymi czy międzynarodowymi. Każde zabezpieczenie da się pokonać.

Pewnego razu połączyłem upierdliwego dowódcę kompanii z bajkami. Kilka dni biedzili się serwisanci z tym problemem.

Po kilku latach nastąpiła era telefonów komórkowych.

Telefonia komórkowa od końca lat dziewięćdziesiątych do dziś wyewoluowała ze zwykłej usługi wykonywania rozmów do mobilnej sieci internetowej. Wraz z rozwojem usług telefonii komórkowej ewoluowały urządzenia oferowane abonentom.

Pierwszy raz zadzwoniłem z komórkowego telefonu podczas spaceru wokół poznańskiego jeziora. Telefon, własność znajomego biznesmena, był wielkości laptopa i trzeba go było nosić w małej walizce. Drugi telefon komórkowy, tym razem podobny do dzisiejszych aparatów, posiadała wówczas tylko znajoma lekarka.

Wkrótce stałem się jednym z pierwszych, prywatnych użytkowników telefonu komórkowego i dlatego dziś posiadam wręcz historyczny numer. Od końca lat dziewięćdziesiątych przeszedłem wszystkie etapy rozwoju sieci komórkowych, miałem w swym ręku przeróżne telefony i potem smartfony. Poznałem wtedy telefony Ericsson, Nokia, Motorola, które służyły jedynie do prowadzenia rozmów i wysyłania krótkich wiadomości tekstowych zwanych SMS-ami.

Na początku istnienia usług telefonii komórkowej odbiorca ponosił koszty rozmowy. Na moje szczęście dość szybko z tego zrezygnowano, bowiem telefon służył mi głównie do kontaktu z klientami, którym naprawiałem komputery i oprogramowanie. Bateria telefonu błyskawicznie rozładowywała się, więc w samochodzie był na stałe podłączony do ładowarki zasilanej z gniazdka zapalniczki samochodowej.

Pewnego razu, podczas wakacji, gdy dojeżdżałem do Helu, zadzwonił klient, który poprosił o wykonanie jakiejś naprawy. Gdy dowiedział się, że w tym momencie znajduję się w pobliżu Władysławowa, klient wykrzyknął: „O rany, ile mnie ta rozmowa będzie kosztować"(!) i rzucił słuchawkę…

Kolejne generacje telefonów były wyposażane w coraz ciekawsze opcje. Można było wykonać nimi zdjęcia, nagrać dźwięk, a potem nawet uruchomić prościutką, prymitywną nawigację samochodową.

Użytkownicy telefonów zazwyczaj nie interesowali się w jakim systemie operacyjnym one pracują. Bardziej dociekliwi wiedzieli, że ich telefon pracuje w Symbianie OS, iOS, Windows Phone, Androidem. Stopniowo z rynku wycofano Symbiana, Windows Phone dogorywa, a na rynku pozostały już tylko iOS i Android.

Zadziwiająca była droga i konkurencja pomiędzy wielkimi graczami na tym rynku. Firmy zmieniały oprogramowanie, czasem bankrutowały, czasem przechodziły do innego właściciela. Typowym przykładem był los fińskiej firmy Nokia, która tworzyła wspaniały, niezawodny sprzęt pracujący w Symbianie.

W pewnym momencie Nokia znalazła się „pod skrzydłami „Microsoftu", który w telefonach nadal sygnowanych logo Nokii, zainstalował w miarę niezawodny system Windows. Jednakże ten gigant przegapił wielki boom na darmowe aplikacje. Windows był na tyle zamkniętym systemem, że twórcy darmowego oprogramowania nie mieli do niego dostępu. Konkurencja miała wielokrotnie większy asortyment aplikacji. Jedyną zaletą Windowsa w telefonach stała się (paradoksalnie) całkowita odporność na wirusy – zupełnie odmienna od tego, co działo się w komputerach PC.

Wielką rewolucją stał się system iOS firmy Apple, która zadziwiła świat smartfonami iPhone. Nagle użytkownicy dostali do rąk urządzenie, które spełniało wszystkie możliwe funkcje o których marzyli, lub których nawet nie potrafili sobie jeszcze wyobrazić: telefonu, aparatu fotograficznego, centrum rozrywki, przeglądarki internetowej i wielu, wielu innych. Do tego wszystkiego iPhone był bardzo łatwy w obsłudze, a jego interfejs pięknie zaprojektowany.

Świat nie znosi próżni. Konkurencja nie śpi. W miejsce umierającego Windows wszedł system Android, będący jakby okrojoną wersją Linuksa. Okazał się tańszy od iOS i bardziej dostępny. Programiści ruszyli do boju tworząc tysiące aplikacji. Producenci smartfonów nie musieli już prosić o dostęp do oprogramowania. Przez kolejne lata system opanował około 90% rynku. Do gry weszły wielkie korporacje chińskie, koreańskie i japońskie, które zaczęły produkować ogromne ilości coraz lepszych smartfonów. Ceny urządzeń zaczęły spadać, a ich możliwości techniczne rosły błyskawiczne. Tyle historii…

Dlaczego tak ważny jest ten rozdział w moim eseju? Otóż okazało się dziś, że obecne smartfony i ich oprogramowanie stały się potężnym narzędziem medialnym, narzędziem oddziaływania na poszczególnych ludzi, społeczeństwa, narody, na cały świat. Wewnątrz tych „pudełek" (fabrycznie) preinstalowane są programy zwane aplikacjami, które mogą służyć manipulacji politycznej. Wpływ takich aplikacji omawiam w innym rozdziale.

Nawigacja

Ciekawym tematem jest nawigacja samochodowa. Początkowo nawigacje były tylko urządzeniami samodzielnymi. Pionierami w tej dziedzinie były firmy Philips i Blaupunkt, ale prawdziwy sukces odniosły dopiero TomTom i Garmin kóre stworzyły pierwsze urządzenia przenośne, instalowane na uchwytach przyklejanych do szyby. Zarówno TomTom jak i Garmin korzystały z własnych map, które użytkownik musiał odpłatnie aktualizować przynajmniej raz w każdym roku kalendarzowym.

O ile dobrze pamiętam, na początku XXI wieku nawigacje samochodowe kosztowały od 1500 -3000 zł. Przy ówczesnych zarobkach były na tyle drogie, że większość klientów decydowała się na zakup ratalny.

I taką nawigację Garmina wtedy i w taki sposób zakupiłem. W pewnym momencie pojawiły się w Internecie darmowe mapy, które można było wczytywać do urządzeń Garmina. Oczywiście skorzystałem z takiej możliwości – miałem alternatywę wobec drogiej aktualizacji. Mapa ta miała wyjątkowo prymitywną grafikę, jakby rysowaną przez dziecko, ale bardzo dobrze wytyczała trasę. Nigdy mnie nie zawiodła.

W pewnym momencie telefony komórkowe, nazwane później smartfonami, zostały wyposażone w aplikacje nawigacyjne. W pierwszych Nokiach pracujących w Symbianie zaczęło to już bardzo sprawnie działać. No i co najlepsze – mapy były darmowe i darmowo aktualizowane. Pomimo maleńkiego ekranu, głosowe komendy pozwalały bardzo sprawnie poruszać się po kraju, zwłaszcza po miastach.

I tak jak wielki sukces odniosły przenośne urządzenia TomTom i Garmina, tak wielki sukces wkrótce odniosła nawigacja HERE instalowana w smartfonach Nokii opartych na systemie Windows. To były złote lata dla tej firmy. Ludzie kupowali te smartfony właśnie ze względu na ten wspaniały program. Aplikacja HERE pozwalała na nawigowanie offline i online.

Co to znaczy? Otóż po raz pierwszy użytkownik mógł wczytywać do aplikacji aktualne mapy wszystkich państw świata i korzystać z nich bez potrzeby kontaktu z siecią komórkową. Jednocześnie mógł też uruchomić transmisję danych, co dawało bardziej precyzyjną lokalizację i informacje o utrudnieniach na drodze. To była mała rewolucja.

Świat nie stoi w miejscu, a konkurencja nie śpi. Wkrótce pojawiła się na rynku prawdziwa lawina smartfonów, pracujących w różnych systemach i wyposażonych w coraz lepsze aplikacje nawigacyjne. Do tego wszystkiego raczkujący wówczas dzisiejszy potentat Google uruchomił usługę Mapy Google. Początkowo było to tylko miejsce w sieci komputerowej, umożliwiające oglądanie całego świata z perspektywy satelity. Potem Mapy Google stały się integralnym systemem nawigacyjnym preinstalowanym w smartfonach pracujących w Androidzie. Ale tu nie ma instalacji map!

Ta, dziś najpopularniejsza, aplikacja nawigacyjna wymaga stałego dostępu do transmisji danych – mówiąc prościej – do Internetu… Znam bardzo wielu ludzi, którzy dziś utożsamiają nawigację tylko z tą aplikacją i którzy nie rozumieją dlaczego nagle w środku lasu, czy na pustyni, tracąc zasięg sieci komórkowej tracą nawigację i na ekranie widzą pustkę, całkowitą pustkę… Brak wiedzy technicznej może bardzo się zemścić.

By nie wpaść w takie kłopoty należy zainstalować w smartfonie nawigację korzystającą z GPS i pracującą w trybie offline, czyli w której zainstalowane są mapy całych państw. Do najlepszych należą MapFactor Navigator, Sygic, Here, TomTom. Większość z nich oferuje darmowe aktualizacje, komunikaty drogowe, wyświetlanie informacji na przedniej szybie itp. Ciekawym wątkiem stało się instalowanie aplikacji nawigacyjnych w luksusowych markach samochodów, w celu automatycznego informowania innych kierowców o zdarzeniach na drodze, oraz możliwości ratowania uczestników wypadków drogowych.

No i życie byłoby piękne i wspaniałe gdyby nie wykorzystanie tego wspaniałego systemu do inwigilowania i śledzenia ludzi. Okazuje się dziś, że nieświadomy użytkownik smartfona jest bez przerwy lokalizowany i wszędzie zostawia ślady. „Wielki Brat" Google dokładnie wie gdzie byliśmy, co robiliśmy, co jedliśmy, gdzie i z jaką szybkością jechaliśmy... Czy tego chcemy? Czy o tym marzyliśmy?

Szkoła

Od końca lat 80-tych XX wieku pracowałem jako nauczyciel w pewnej małej, osiedlowej szkole podstawowej. Gdy okazało się, że mój syn jest chory przeniosłem go do swojej szkoły, by mieć na niego baczenie i w razie potrzeby służyć mu pomocą. Na przełomie wieków syn ukończył szkołę, ale na końcu roku szkolnego został skrzywdzony przez swoją wychowawczynię i dyrekcję szkoły. Zakończyło się to dużą awanturą i moją interwencją w kuratorium oświaty. Nie wiedziałem, że od tego momentu stałem się osobą niepożądaną...

W tym samym czasie szkoła obchodziła jubileusz trzydziestolecia i dyrekcja zwróciła się do mnie z prośbą o stworzenie szkolnej strony internetowej. Pomimo w/w złych doświadczeń, zgrzytając zębami ze złości, utworzyłem szablon takiej strony, zaprezentowałem do zatwierdzenia. Graficznie stronę opracował syn wicedyrektorki, a ja **utworzyłem domenę i mini portal z możliwością wypowiadania się na forum**.

Strona „ruszyła" w dniu jubileuszu i wkrótce nastąpił mały skandal. Na „forum", gdzie miały znaleźć się laurki i słodkie wypowiedzi, wdarli się niezadowoleni uczniowie i rodzice. Dosłownie skrytykowali i ośmieszyli dyrekcję szkoły za prostactwo i „nieuctwo", oraz szczególnie za błędy językowe pani dyrektor. Znalazły się tam również wpisy sugerujące nepotyzm i przekręty finansowe.

Rozpętała się mała burza na radzie pedagogicznej, potem publicznie skrytykowano mnie za tę stronę, szczególnie za oprawę graficzną, której oczywiście nie byłem autorem. Nakazano usunięcie „niepotrzebnego" forum.

Koło

Po kilku spokojnych latach znów nastąpił ostry konflikt z dyrekcją szkoły. Stałem się persona non grata, próbowano mnie zdyskredytować, by później zwolnić z pracy. Przez wiele lat widziałem podobne działania wobec niewygodnych nauczycieli i dlatego postanowiłem tanio swojej skóry nie sprzedawać. Dodatkowym bodźcem do walki o godność stał się fakt skrzywdzenia przez dyrekcję śmiertelnie chorej koleżanki.

Założyłem koło związkowe i zostałem jego przewodniczącym. **Utworzyłem stronę internetową koła, gdzie na forum zaczęły się pojawiać artykuły i wpisy dotyczące różnych paskudnych działań dyrekcji różnych szkół wobec ich pracowników.**

Rozpętała się kolejna burza w szkolnym środowisku, następowały ostre wymiany zdań, zarówno na radach pedagogicznych jak również w gabinecie dyrekcji i podczas mediacji z kuratorium. Strona funkcjonowała prawie rok i po negocjacjach prowadzonych przez panią mediator-wizytator podjąłem decyzję usunięcia strony oraz tego forum.

Kilka miesięcy później, na walnym zebraniu związkowym, zostałem dość niespodziewanie wybrany do władz związku zawodowego. Potem dyrekcja próbowała mnie zwolnić z pracy naruszając w ten sposób ustawę o związkach zawodowych. Wygrałem dzięki temu dwie sprawy w sądzie pracy. Zeskanowana strona internetowa została przedstawiona na sali sądowej, ale sędzia odrzucił ją jako dowód w wymienionej sprawie.

To były początki, mikroskala tego co nastąpiło później.

Stowarzyszenie

Będąc wnukiem powstańca wielkopolskiego i uczestnikiem wielu spotkań organizowanych przez Komisję Historyczną Towarzystwa Pamięci Powstania Wielkopolskiego 1918 -1919 roku zaangażowałem się w dokumentowanie wykładów organizowanych w poznańskim Odwachu. Filmowałem te wykłady i uczestniczyłem w wyjazdach delegacji towarzystwa i grupy rekonstrukcyjnej na uroczystości upamiętniające to powstanie przed Grobem Nieznanego Żołnierza i na Powązkach w Warszawie.

Dla wspomnianego towarzystwa **utworzyłem do dziś działającą domenę, stronę internetową i forum**. Na stronie umieściłem wiele ważnych informacji historycznych, aktualności, filmów z uroczystości. Po kilku latach za tę działalność z rąk prezesa towarzystwa, oraz poznańskich „oficjeli", otrzymałem nagrodę w postaci medalu „Wierni tradycji".

Najbardziej zdziwiło mnie to, że pierwszą osobą która wówczas złożyła mi gratulacje była lewicowa działaczka, była minister edukacji, była poseł – pani Krystyna Łybacka. Działacze prawicowi nie kwapili się do składania gratulacji… Dziwne.

Temat Powstania Wielkopolskiego jest na tyle bezpieczny, że nie spotkały mnie tu żadne nieprzyjemności, a wręcz odwrotnie – zostałem wówczas bardzo pięknie doceniony za trud, wiedzę i wytrwałość. W tym przypadku media okazały się bardzo „łaskawe".

To na tych wykładach dowiedziałem się o dziwnym stosunku poznańskiej ludności żydowskiej do powstania, oraz jej emigracji w 1919 roku, wynikającej z zerwania więzi biznesowych z Niemcami.

Smoleńsk i „Cmentarz szczurów"

W 2010 roku, po tzw katastrofie smoleńskiej, zszokowany, zdruzgotany, oburzony na zachowanie się tzw elity politycznej, oraz rozwścieczony na chamstwo hołoty lewicowej, podjąłem decyzję wstąpienia do partii politycznej, wcześniej angażując się w działania „Gazety Polskiej" i nieformalnych grup prawicowych. W sierpniu 2010 roku pojawiłem się w siedzibie poznańskiego PiS-u i po rozmowach z przewodniczącą, oraz po odpowiedniej weryfikacji, zostałem przyjęty do partii. Poinformowałem tam o swoich umiejętnościach i dzięki temu stworzyłem pierwszą stronę internetową dla poznańskiego klubu „Gazety Polskiej". **Utworzyłem domenę, forum, zająłem się filmowaniem pochodów i manifestacji podczas miesięcznic smoleńskich.** Niestety, nastąpiły pewne nieporozumienia z apodyktycznym przewodniczącym klubu i w końcu zrezygnowałem z tej działalności. Odebrano mi wówczas wszelki dostęp do „mojego dzieła" włącznie z hasłami dostępu. Po kilku miesiącach przewodniczący klubu zmarł po dość dziwnym wypadku, zabierając do grobu wszystkie nowe hasła... Strona zamarła...

W tych latach napisałem pierwsze dwie książki pt. „Jak ograbić starą ciotkę i być szczęśliwym" i „Cmentarz szczurów". Ta pierwsza zdobyła dużą popularność i dotyczyła spraw rodzinnych, ta druga wywołała mały skandal w miejscu pracy i w środowisku oświatowym. Pomimo różnych niedoskonałości uważam ją za swoje największe dzieło. Książka opisuje „szkołę" (jako instytucję) od kuchni, z perspektywy niedostępnej dla większości ludzi. Książka jest opisem, metaforą współczesnej Polski, społeczeństwa i nawet całego świata, a tego wielu czytelników do dziś nie zrozumiało... Książka jest świadectwem swoich czasów.

Nie pamiętam kto mi podpowiedział, by spróbować zareklamować swoje „dzieła" przez internet. Być może był to pierwszy wydawca? w każdym razie informacje o „Cmentarzu szczurów" pojawiły się w różnych miejscach. Wywiązały się nawet zażarte dyskusje o książce i autorze (!).

Postanowiłem wykorzystać do promocji tzw sieci, portale, platformy społecznościowe – szczególnie Facebooka. Założyłem konto, zapłaciłem za reklamy, opisałem swoje dokonania i rozpocząłem poszukiwania znajomych. Wkrótce na moim profilu pojawiło się wielu znajomych, z którymi prowadziłem ożywione dyskusje na przeróżne tematy: polityczne, historyczne, motoryzacyjne, komputerowe i wiele innych.

Stworzyłem tym razem własną, osobistą domenę, a w niej stronę internetową, na którą były przekierowywane osoby zainteresowane moimi książkami. Miałem tam tysiące odwiedzin z najróżniejszych zakątków świata.

Samopublikowanie

W pewnym momencie zorientowałem się, że dotychczasowy wydawca prawdopodobnie „robi mnie w balona". Natrafiłem na forum pisarzy, którzy uskarżali się na wydawców twierdząc, że wydawcy nie płacili tantiem, tłumacząc się brakiem sprzedaży. Jednocześnie księgarnie, do których trafiały wydrukowane egzemplarze informowały autorów o wyczerpaniu nakładu. Praktycznie autorzy nie mieli możliwości weryfikacji ilości sprzedanych egzemplarzy, wyczerpaniu nakładów, lub sprzedaży ewentualnych dodruków. Sprawę opisali autorzy tzw bestselerów.

Biorąc pod uwagę takie informacje i nadal posiadając prawa autorskie, postanowiłem stać się niezależnym wydawcą i skorzystać z tzw usług Selfpublish.

Pierwszym serwisem „Selfpublish", czyli samopublikowania, na jaki natrafiłem był belgijski Createmybooks. Z wielką radością udało mi się tam wydrukować dotychczasowe i nowe pozycje. Jednakże ceny egzemplarzy dla przeciętnego polskiego czytelnika były zaporowe. Serwis nadawał się jedynie do szybkiej sprzedaży pojedynczych egzemplarzy na terenie Europy zachodniej.

Potem natrafiłem na amerykański Createspace, czyli serwis-podwykonawcę dla największej księgarni świata, czyli dla Amazona. W Createspace autorzy książek, muzyki, filmów z całego świata mogli umieszczać swoje dzieła używając dowolnego języka. Po kilkudniowej weryfikacji książki, płyty CD i DVD ukazywały się w Amazonie, opatrzone odpowiednimi numerami identyfikacyjnymi jak np. ISBN w przypadku książek.

Przez następne lata umieściłem w tym serwisie około 50 pozycji. Były to zarówno moje książki (w tym przetłumaczone na j. angielski) jak również dzieła polskich i zagranicznych pisarzy, które znajdują się w tzw domenie publicznej i do których nikt już nie nie ma praw autorskich i majątkowych. Opracowywałem własne okładki, grafikę, robiłem skład tekstu.

Wszystko funkcjonowało perfekcyjnie, ceny były bardzo dostępne i działo się to do pewnego momentu. Otóż jakieś dwa lata temu firma Amazon postanowiła zlikwidować Createspace i przetransferować wszystkie dotychczasowe dzieła do serwisu Kindle, jednocześnie ograniczając ilość dostępnych języków. W serwisie pojawiły się bardzo egzotyczne języki, ale język polski zniknął. Od tego momentu Polacy zostali pozbawieni możliwości publikowania i edycji książek w języku polskim. Ktoś nas nie lubi? Może Eskimosi?

No cóż, pogodziłem się z tym i cieszyłem się, że moje dotychczasowe dzieła nadal istnieją w wyszukiwarce Amazona. Nie mogłem w nich już nic zmienić. Każda poprawka powodowała bezpowrotne usunięcie książki.

Półtora roku temu Amazon do mnie napisał, że ze względu na to iż w moich książkach pt. „The graveyard of rats” i „The Light” znajdują się treści niezgodne z ich regulaminem zostały zablokowane i wycofane ze sprzedaży. Do tego zostałem ukarany usunięciem mojego konta (!) Prawie 60 moich książek zniknęło z Amazona! Dość długo trwała wymiana bezskutecznej korespondencji z tą księgarnią. Byli nieugięci w swej decyzji, jednocześnie nie dając mi żadnej informacji, żadnego uzasadnienia.

Zastanawiałem się nad przyczyną likwidacji konta. Czyżby właściciele Amazona dokładnie czytali moje książki? Nie sądzę. Moje przypuszczenia i hipotezy zaczęły się obracać wokół mediów społecznościowych. Otóż na Facebooku często uczestniczyłem w dyskusjach politycznych i byłem autorem tzw „memów”, czyli grafik ośmieszających poczynania niektórych polityków. Do najbardziej popularnych należał posążek Oscara z głową Donalda Tuska podpisany „Prawdziwy Oskar z Amber Gold”.

Moje wpisy (zwane postami) oraz memy nigdy nie były wulgarne, ani nie namawiały do agresji wobec kogokolwiek, były po prostu złośliwe, zjadliwe, często groteskowe. Z osobami atakującymi mnie chamsko i personalnie nie dyskutowałem, najczęściej je blokowałem, by dały mi spokój. Przypuszczałem zatem, że ktoś nie wytrzymał ciśnienia i złożył na mnie donos w Amazonie.

Zaznaczam, dla osób nieznających mojej twórczości, że również w moich książkach nie ma pogardy i nienawiści wobec kogokolwiek lub jakiejkolwiek grupy społecznej. Starałem się w nich zawsze chłodno opisywać zachowania osób i grup, nie oceniając ich, ocenę powierzając czytelnikowi. W moich książkach i postach internetowych znajdowały się również opisy działania osób LGBT, ale nie były drastyczne, były wręcz delikatne, opisywały skutki społeczne ich zachowań.

Przez ponad pół roku odzyskiwałem utracone książki i za pomocą pewnego fortelu, oraz niewątpliwie bezwzględnej inteligencji, udało mi się je ponownie wstawić do Amazona.

Pożegnanie Facebooka

ICQ, IRC, GADU-GADU, TLEN

Czy ktoś jeszcze pamięta, lub w ogóle wie, czym były ICQ, Gadu-gadu itp. komunikatory? Na początku mojego „istnienia" w Internecie spotkałem się z pierwszymi, raczkującymi sieciami społecznościowymi. Używałem wszystkie wymienione. Udało mi się nawiązać ciekawe kontakty z ludźmi mieszkającymi w USA, Indiach, Rosji, Australii. Programiki takie, działające w tle systemu Windows, służyły głównie do pogawędek, ale czasem umożliwiały również tworzenie grup użytkowników o podobnych zainteresowaniach i poglądach politycznych. To były skromne początki tego co przerodziło się w systemy takie jak „Nasza klasa", i prawie równolegle w gigantycznego „Facebooka".

Mniej więcej na tydzień przed wyborami prezydenta RP zablokowane zostało moje wieloletnie konto na Facebooku. Otrzymałem e-mail informujący mnie, że jestem zablokowany na 24 godziny ze względu na naruszenie regulaminu. Przycisk umożliwiający odwołanie był nieaktywny.

Potem otrzymałem e-mail żądający przysłania numeru telefonu w celu ponownej aktywacji konta. Po wysłaniu numeru telefonu otrzymałem kolejny e-mail, tym razem żądający skanu dowodu tożsamości. Zgodnie z „życzeniem" (czyli wyłudzaniem danych wrażliwych przez zagraniczną firmę) wysłałem moją legitymację szkolną z 1974 roku.

Czekałem na ewentualną odpowiedź sugerującą nieważność takiego dokumentu. W następnym e-mailu jakiś pan „Piotr" poinformował mnie o nieodwołalnym zamknięciu mojego konta.

Mogę jedynie przypuszczać jakie posty rozwścieczyły któregoś z użytkowników FB, że postanowił (postanowili?) kompletnie, bezdyskusyjnie i na zawsze zablokować mój profil.

Hipotetyczne przyczyny blokady:

Pierwsza hipoteza: w dyskusji o LGBT, w której komentatorzy umieszczali „wybitne" homoseksualne postacie historyczne, umieściłem zdjęcie i życiorys Ernsta Röhma (szefa SA) jako przykład męczennika, który poniósł śmierć z rąk Adolfa Hitlera i oddziału SS tylko dlatego, że urządzał orgie homoseksualne. Zaproponowałem wyniesienie go na sztandary ruchu LGBT...

Druga hipoteza: w grupie „Poznań w czasach PRL i nie tylko" ktoś umieścił post będący linkiem do Gazety Wyborczej, w którym opisywano wielką krzywdę dwóch żydowskich wykładowców, którzy w okresie międzywojennym nie zostali dopuszczeni do katedry. Najpierw napisałem tam, że wywołują bzdurną dyskusję na podstawie jakiegoś artykułu z „judeogazety". (Świadomie użyłem tego terminu bowiem sama Barbara Engelking w dniu 15 maja 2019 roku, podczas gali i wręczania nagród GW, nazwała Gazetę Wyborczą gazetą żydowską). Naskoczyli na mnie komentatorzy pisząc, że jestem antysemitą używając obraźliwego epitetu „judeogazeta".

Odparłem, że bardziej od antysemityzmu interesuje mnie antypolonizm tej gazety, oraz że żydokomuna jest zjawiskiem, którego obawiają się uczciwi Żydzi. Dodałem, że popieram ortodoksyjnych Żydów, którzy zorganizowali manifestację w Jerozolimie w obronie dobrego imienia Polski. Poza tym wspomniałem o roli ludności żydowskiej podczas Powstania Wielkopolskiego i ich wielkiej emigracji z Poznania do Niemiec w związku z zerwaniem więzi biznesowych.

Ponad dziesięcioletnie konto Facebook zamknięto mi bez możliwości odwołania i bez podania uzasadnienia.

Zorientowałem się szybko, że system informatyczny Facebooka został na tyle udoskonalony, że rozpoznaje (!) sprzęt z jakiego dokonywane są próby tworzenia fikcyjnych kont (próby z różnych IP, ukrytych IP, różnych sieci). Przypuszczam, że rozpoznaje dziś numery seryjne komputerów, oraz numery telefonów komórkowych..

Dziś nie zamierzam ukrywać swojej tożsamości, tworzyć fikcyjnych kont. Po tym wydarzeniu „zniknąłem" z Internetu, pochowałem strony internetowe, ukryłem domenę, ukryłem się za podwójną gardą. Dostałem drugi raz w twarz. Nie chcę by znów ktoś zniszczył moją wieloletnią pracę – na przykład usunął moje książki (casus Amazona).

Facebook zabrał mi z życia ponad 10 lat. Stał się nałogiem, narkotykiem. Miał zalety i wady. Zaletami były: kontakt z wieloma ludźmi i możliwość dyskutowania na nieskończoną ilość tematów. Wadą stało się codzienne zabieranie czasu i wysysanie kreatywności.

Konkluzja.

Serwisy takie jak Twitter, Facebook, Instagram oprócz zadań społecznościowych, stały się dziś potężnym narzędziem kształtowania opinii publicznej. Teraz każdy użytkownik komputera lub smartfona może przekazać na cały świat zdjęcia i filmy z wydarzeń jakich był świadkiem. Jednocześnie może też spreparować nieprawdziwe informacje.

Do tego wszystkiego właściciele serwisów społecznościowych, zależnie od „wyznawanej" ideologii, zaczęli cenzurować treści, a nawet zaczęli blokować (!) niewygodnych internautów.

Casus Chin, w których każdy obywatel jest perfekcyjnie i totalnie inwigilowany, i w których nie wolno publikować „niesłusznych" treści jest straszliwym memento dla pozornie wolnego świata. Przeciętny Chińczyk nie zna wyżej wymienionych aplikacji. W Chinach króluje WeChat i Wielka Zapora Sieciowa…

Za 10 lat Facebook zapewne nie będzie istnieć. Dziś, po usunięciu mojego konta, widzę wyraźnie że ta „usługa" idzie w ślepą uliczkę, że może znudzić się użytkownikom i kolejnym pokoleniom tak samo jak: „Big Brother", blogi i nieistniejąca już „Nasza klasa". Przyjdzie nowe pokolenie, wymyśli coś nowego.

Spiski

W Wikipedii możemy znaleźć takie oto definicje:

Spisek – tajne porozumienie grupy osób dla osiągnięcia jakiegoś celu.

Teoria spiskowa – próba wyjaśnienia genezy zdarzenia, przebiegu wydarzeń lub sytuacji, stojąca w opozycji do powszechnie uznanej wersji, wynikająca z przeświadczenia o istnieniu spisku, czyli zakamuflowanej działalności grupy osób, które rzekomo zawarły tajne porozumienie dla osiągnięcia jakiegoś celu, zatajając prawdę przed opinią publiczną.

Przykładami są:

- tezy o dominacji ekonomicznej, politycznej i militarnej dotyczące „nowego porządku świata" (NWO),

- kwestionujące fakt lądowania człowieka na Księżycu.

- spiskowe teorie dziejów, które starają się wyjaśniać przyczynowość procesów historycznych w sposób odmienny i krytyczny do oficjalnie uznanych – rewizjonizm historyczny.

Kiedy i w jaki sposób zacząłem się interesować spiskami i teoriami spiskowymi? Dopiero w XXI wieku. Zapewne ogromny na to wpływ wywarł dostęp do wielu informacji z całego świata jaki zapewnił Internet. To medium umożliwiło również interaktywność – możliwość dyskusji i wypowiadania się. Przedtem byliśmy skazani na jednostronny przekaz prasy, radia, telewizji, bez możliwości podejmowania dyskusji.

W pierwszych latach politycy i władcy świata nie dostrzegali ogromnego potencjału sieci internetowej, zwłaszcza sieci społecznościowych. Zapewne sądzili, że ta „zabawka" służy jedynie młodemu pokoleniu do rozrywki. Sytuacja zmieniła się diametralnie, gdy okazało się, że szybka wymiana informacji daje możliwość wpływania na efekty wyborów.

Na początku interaktywność przejawiała się w możliwości pisania e-maili do różnych instytucji, potem można było wpisywać swoje opinie pod artykułami na największych portalach internetowych. Później pojawiły się tzw blogi – radosna twórczość wielu grafomanów, którym odpowiadali znajomi, krewni, nieznajomi...

Na stronach różnych instytucji, stowarzyszeń, klubów pojawiły wkrótce tzw „fora" na których użytkownicy mogli wymieniać się doświadczeniami, przemyśleniami oraz mogli zamieszczać ogłoszenia i aktualności. A ostatnio największym przebojem stały się sieci społecznościowe takie jak na początku Nasza Klasa, a potem Youtube, Facebook, Twitter, Instagram.

Gdy człowiek chce się napić wody wystarczy mu szklanka wody, Internet spragnionemu uruchomił w twarz „wąż strażacki". Niejedni kompletnie zagubili się w potoku czasem sprzecznych informacji.

Nowe medium wywołało dysonans poznawczy i jego użytkownicy, nie chcąc zwariować, okopali się w swoim światku światopoglądów, wierzeń, swojego ego. Internauci, przekonani o swojej anonimowości, zaczęli się wzajemnie zwalczać. Pojawiły się bardzo niekorzystne zjawiska nazwane później „hejtem" (od angielskiego słowa „hate" – nienawiść).

Od pewnego momentu można było trafić na przeróżne grupy zainteresowań. Jednocześnie w sieciach telewizyjnych pojawiły się podobne kanały tematyczne, eksploatujące tematy z pogranicza wiedzy i fantastyki. W Internecie pojawiły się niszowe stacje telewizyjne prezentujące odmienne informacje od tzw „mainstreamu".

No i „zaczęło się".

Pojawiły się niesamowite dokumenty i filmy:

Teoria zburzenia wież WTC, w której przedstawiono spisek służący wywołaniu wojny na Bliskim Wschodzie. W skrócie mówiąc wojnę mieli wywołać syjoniści i biznesmeni współpracujący z władzami wojskowymi w USA. Celem wojny było zdobycie i opanowanie złóż ropy naftowej, oraz wywołanie zmian cen tego surowca.

Według tej teorii nastąpił atak tzw złej flagi, czyli uderzenia we własne społeczeństwo, na tyle silny by nim wstrząsnąć i wywołać falę entuzjazmu patriotycznego. Podobno w wieżach WTC były podłożone ładunki wybuchowe, które „pięknie" je zburzyły. Przedtem wszyscy Żydzi zostali powiadomieni, by nie przyjść do pracy. Dodatkowo uderzenia samolotów w wieże podobno zostały sfingowane przez wybitnych specjalistów z branży filmowej. Posunięto się nawet do tego, że wypowiedzi rodzin ofiar tragedii miały być świetnie spreparowanymi kreacjami aktorskimi...

Teoria fałszywego lądowania na Księżycu. Pojawiły się filmy na Youtube, a także w tematycznym kanale telewizyjnym, w których pokazywano czarno-białe filmy – symulacje skakania kosmonautów na powierzchni Księżyca w świetle studyjnych reflektorów. Przy tej okazji wypowiadali się różni świadkowie, którzy zapewniali, że lot na naszego satelitę był propagandową ściemą polityczną, która miała upokorzyć wroga ideologicznego i militarnego czyli ZSRR.

Oczywiście nie mogło zabraknąć przeróżnych teorii dotyczących zabójstwa Johna Kennedy. Jedna z nich mówiła o konflikcie prezydenta ze służbami specjalnymi i armią po konflikcie z ZSRR. Zabicie zamachowca otworzyło całą listę spekulacji. Druga, bardzo ciekawa teoria, mówiła że Marylin Monroe oraz

John Kennedy chcieli ujawnić tajne materiały o kontrakcie rządu amerykańskiego z „obcą cywilizacją – kosmitami". Umowa miała polegać na dostarczaniu nowych technologii w zamian za możliwość dokonywania eksperymentów na porywanych ludziach.

Problem tzw „chemitrails", czyli smug chemicznych. Teoria zakłada, że smuga kondensacyjna powstająca za lecącym samolotem jest – zawsze bądź tylko w niektórych przypadkach – wytworem mającym utajony cel, wywoływany dystrybucją na wielkich obszarach dużych ilości substancji, które mogą być szkodliwe dla organizmów żywych.

Teoria zakłada że smugi pojawiające się na niebie za samolotami są efektem rozpylania substancji, które mają wpływać na zdrowie ludzi. Istotne założenia teorii: substancje rozpylane są przez nieoznakowane samoloty na polecenie Rządu Światowego – w celu redukcji populacji oraz „zablokowania myślenia"...

Rzekomo rozpylane substancje to np. aluminium – ma zatruwać szyszynkę poprzez oblepianie jej i tworzenie żółtej otoczki oraz zatykanie jej kanałów; tytan; wirusy; bakterie; grzyby – Candida lub drożdżaki; poliwęglany.

Kilka lat temu w telewizji pojawił się niesamowity kanał tematyczny „History", poruszający wiele ciekawych tematów naukowych, paranaukowych, czasem z pogranicza science-fiction. Pomiędzy bardzo ciekawymi i rzetelnymi filmami o kosmosie, powstaniu wszechświata, o starożytności i najnowszej historii pojawiły się filmy sugerujące wpływ obcej, kosmicznej cywilizacji na rozwój ludzkości poprzez dokonanie genetycznych eksperymentów na „człekokształtnych" przodkach.

Zwłaszcza wieloletnia seria filmów pt „Starożytni kosmici" spowodowała ogromny chaos i bałagan informacyjny. Autorzy tej serii pomiędzy prawdziwe fakty, np. niewyjaśnione zagadki takie jak tajemnica powstania i budowy piramid, tajemnicze budowle: Göbekli Tepe i Puma Punku, rysunki Nazca, kręgi w zbożu itp wpletli komentarze wyraźnie sugerujące, że to wszystko jest dziełem kosmitów. Do tego wszystkiego włączyli interpretacje świętych ksiąg wszystkich religii sugerując, że to właśnie oni stworzyli na Ziemi cywilizację, oraz zmodyfikowali genetycznie człekokształtne małpy na „swój obraz i podobieństwo”.

„Wylali dziecko z kąpielą”. Szukając sensacji i chcąc zarobić pieniądze na niekończącej się serii zrobili bardzo złą robotę, bo wiele zagadek na które nie ma odpowiedzi mogłyby naprawdę wywrócić do góry nogami ustalenia tzw oficjalnej nauki. Wrzucając wszystko do jednego worka wręcz ośmieszyli temat.

Ostatnio pojawiły się w Internecie ciekawe informacje dotyczące prahistorii Polski i ludów, które mieszkały na jej dzisiejszym terenie. Dzięki osiągnięciom współczesnej nauki udało się określić genetykę tych ludów. Okazało się, że tereny środkowej i wschodniej Europy zamieszkują od wielu tysiącleci ludzie o tej samej Haplogrupie R1a1 (Y-DNA). Okazało się, że najwięcej „Słowian” znajduje się na Sardynii, na terenach dawnej Jugosławii, w Polsce i na Ukrainie. Badania genetyczne wywracają do góry nogami dotychczasowe teorie i tezy historyczne o przebiegu tzw „wędrówki ludów”.

Jak odróżnić prawdę od kłamstw? Jak rozpoznać pomysły „wyssane z palca”? Jak się w tym wszystkim odnaleźć? Chcemy się napić wody ze szklanki, a wszechwładne media fundują nam w twarz wodę z węża strażackiego…

Spinelli, LGBT - powtórka z rozrywki

W 1845 roku Marks w „Tezach o Feuerbachu" stwierdził, że celem filozofów nie jest objaśnianie świata, ale jego przekształcenie, wyznaczając filozofom rolę ideologów i rewolucjonistów.

W 1848 roku w „Manifeście Partii Komunistycznej" Marks i Engels napisali: „Najbliższy cel komunistów jest ten sam, co wszystkich pozostałych partii proletariackich: ukształtowanie proletariatu w klasę, obalenie panowania burżuazji, **zdobycie władzy politycznej przez proletariat"**. Oczywiście nie oznaczało to sprawowania władzy politycznej przez proletariat, którą miała sprawować tylko jego awangarda – komuniści. Oznacza to, że komunizm ma być takim ustrojem, w którym proletariat codziennie będzie pić szampana ustami swych przedstawicieli…

„Komuniści oświadczają otwarcie, że cele ich mogą być osiągnięte jedynie przez obalenie przemocą całego dotychczasowego ustroju społecznego" (z Manifestu…).

Jak można dokonać takiego obalenia? Poprzez rewolucję - sprowokowanie **„uciśnionych"**, niezadowolonych grup społecznych do masowych strajków, protestów, zamieszek, walk ulicznych itp. Udało się to tylko w Rosji.

Dlaczego taka rewolucja nie powiodła się na całym świecie? Prostą odpowiedzią są efekty tzw rewolucji przemysłowej, dzięki której proletariatowi polepszyły się warunki życia, dzięki której kapitalistom opłaciło się lepsze wynagradzanie i kształcenie robotników. Robotnicy napełnili brzuchy, a w Ameryce w ich zasięgu stało się nawet posiadanie własnego samochodu. Człowiek, który jest syty i może realizować różne marzenia nie jest materiałem na rewolucjonistę.

Rewolucja seksualna nie jest współczesnym pomysłem. Pierwsze pomysły wykorzystania tego tematu pojawiły się na przełomie XIX i XX wieku. Pierwszy konflikt w tej sprawie nastąpił w 1908 roku, gdy **Zygmunt Freud** sprzeciwił się wykorzystaniu psychoanalizy do działalności wywrotowej. Uważał, że zadaniem psychiatrów jest terapia, a nie rewolucja i wyrzucił **Otto Grossa** ze stowarzyszenia psychoanalityków za takie pomysły. Konflikt odżył, gdy w 1929 roku psychoanalityk i komunista **Wilhelm Reich** postulował połączenie psychoanalizy z marksizmem. Według Reicha rewolucja społeczna miała poprzedzać rewolucję seksualną,która jest niemożliwa w warunkach kapitalistycznych. Postulował likwidację systemu kapitalistycznego, paternalistycznej rodziny i religii co umożliwić miało rewolucję seksualną i pełne wyzwolenie człowieka.

Współpracownikiem Reicha był Erich Fromm, który odwrócił kolejność rewolucji (!) - **rewolucja seksualna musi poprzedzić rewolucję społeczną i upadek kapitalizmu, ponieważ umożliwi pozbawienie ludzi etosu pracy i zdolności do samodzielnej produkcji dobrobytu.**

Pierwszą klęskę rewolucja seksualna poniosła w bolszewickiej Rosji, gdzie po likwidacji instytucji małżeństwa i po krótkim seksualnym rozpasaniu okazało się, że pojawiły się tam postawy roszczeniowe i zaniknęła motywacja do pracy. Stalin, potrzebujący zdyscyplinowanych pracowników, dość szybko rozprawił się z tym problemem.

Drugą klęskę rewolucja seksualna poniosła w latach 60-tych XX wieku, gdy na ulice amerykańskich i europejskich miast wytoczyły się tłumy zbuntowanej, infantylnej i zdemoralizowanej młodzieży. Pod pretekstem walki o pokój i absolutnej wolności, włącznie z zażywaniem narkotyków i grupowego uprawiania seksu wszystkich ze wszystkimi, młodzi ludzie robili zadymy, niepokoje, zamieszki. Ta rewolucja nie obaliła systemu kapitalistycznego, ale jej (mentalne) dzieci dorosły i po pewnym czasie stały się neomarksistowskimi politykami, którzy dziś mają potężny wpływ na politykę UE i USA.

Dzięki tzw „marszowi przez instytucje" przez kolejne dziesięciolecia neomarksizm dzieci roku 1968 opanowywał instytucje polityczne, uniwersytety i przede wszystkim media głównego nurtu.

Na tak przygotowanym gruncie medialnym i światopoglądowym, po podpisaniu traktatów unijnych, uruchomiony został ponowny atak na dotychczasowy ustrój polityczny, wykorzystano znane już nam sposoby wywoływania rewolucji, w tym między innymi rewolucję seksualną.

Uruchomiono obrazoburcze parady równości i pod pretekstem braku tolerancji oraz braku praw mniejszości seksualnych zmuszono niektóre rządy do usankcjonowania małżeństw jednopłciowych i prawa do adopcji dzieci przez pary homoseksualne. Dalsze kroki w rozbijaniu dotychczasowego systemu politycznego i etycznego to legalizacja aborcji na życzenie, oraz eutanazja dzieci i staruszków na życzenie rodziny. Sodoma i Gomora (!)

Jednakże wymienione wyżej kroki nie są celem samym w sobie. To jedynie środki do osiągnięcia zamierzonego celu – utopii komunizmu. LGBT są tylko mięsem armatnim w walce o władzę, w takim samym stopniu jak przedtem mięsem armatnim byli robotnicy dla komunistów w ZSRR i PRL.

Środkiem do realizacji takiego celu ma być (między innymi) stosowanie tolerancji represywnej zdefiniowanej w 1965 roku przez amerykańsko-żydowskiego, marksistowskiego ideologa i socjologa **Herberta Marcuse**. Przedstawił on uzasadnienie prawa dla postępowej, lewicowej mniejszości do narzucania swojej woli reakcyjnej, konserwatywnej większości:

- tradycyjna tolerancja hamuje postępowe zmiany, a zatem jest sprzeczna z ideą postępu,

- celem postępu nie jest tolerancja sama w sobie, ale idea wolności, której tolerancja ma służyć,

- idea wolności i idea postępu wykluczają tolerancję tradycyjną i dają moralne prawo postępowej mniejszości do nietolerowania reakcyjnej większości i narzucania jej swoich postępowych zasad.,potrzebna jest nowa, postępowa tolerancja wyzwalająca nietolerująca reakcyjnej większości, ale tolerująca postępową mniejszość, która ma moralne prawo – w imię postępu – do nietolerowania sił reakcji.

Zatem wrogiem postępu (którego należy neutralizować - eksterminować) są tradycjonalistyczni, konserwatywni, patriotyczni, narodowi – faszyści...

Jak to wszystko się ma do realizacji tez **Altiero Spinelli**? Otóż ten włoski komunista stworzył scenariusz obecnie realizowany przez kryptokomunistów w Unii Europejskiej, a jego podstawowe punkty brzmią następująco:

1. Pierwszym zadaniem, bez rozwiązania którego wszelki postęp będzie tylko złudzeniem, jest ostateczne zlikwidowanie granic dzielących Europę na suwerenne państwa.

2. Adekwatność i realizacja każdego pojedynczego punktu programowego musi być badana pod względem jego zgodności z bezdyskusyjnym warunkiem europejskiej jedności.

3. Trzeba ostatecznie skończyć z gospodarczą samowystarczalnością, która stanowi kręgosłup totalitarnych reżimów.

4. Chodzi o stworzenie państwa federalnego, które stoi na własnych nogach i dysponuje europejską armią zamiast armiami narodowymi.

5. Potrzeba wystarczającej ilości organów i środków, żeby w poszczególnych państwach związkowych wprowadzać zarządzenia wydane w celu utrzymania porządku ogólnego.

6. Nowe państwo powstanie dzięki dyktaturze rewolucyjnej partii i dla nowej, prawdziwej rewolucji.

7. Europejska rewolucja musi być socjalistyczna.

„Pandemia"

Żyłoby nam się w przewidywalny sposób, realizując swoje indywidualne plany, w cieniu walk politycznych, konfliktów społecznych, lokalnych wojen, gdyby nie ten potężny, światowy krach jaki nastąpił na początku 2020 roku.

Jak w jakimś, niekoniecznie wybitnym filmie katastroficznym cały współczesny świat stanął na głowie: zamknięto zakłady pracy, zabroniono obywatelom opuszczać miejsce zamieszkania, zamknięto lasy, nakazano noszenie masek na twarzach i dezynfekowanie się w każdym miejscu, lekarze zabunkrowali się w przychodniach opowiadając przez telefon pacjentom bajki o tym jak się mają leczyć...

Nie będę tu się wywodzić na ten temat, bowiem został już opisany w kilku ciekawych książkach, ale pozwolę sobie na kilka słów refleksji. Przede wszystkim uważam, że koronawirus istnieje, ale pandemia (zgodnie z wcześniejszymi definicjami) nie istnieje. Porównując z innymi chorobami zakaźnymi mogę powiedzieć, że one też bywają groźne i często śmiertelne i niekoniecznie da się ich uniknąć szczepionkami, ale podobnie jak w/w wirus też nie powodują pandemii.

Dla mnie podstawowymi kryteriami pandemii muszą być: powszechność wirusa lub bakterii wynikająca ze współczesnych możliwości podróżowania, oraz przede wszystkim z ogromnej ilości zgonów. A to w Polsce i większości krajów na świecie nie ma miejsca! Ilość zgonów jest porównywalna z innymi zakaźnymi infekcjami występującymi każdego roku.

Pomimo tego, na całym świecie nastąpiła niewyobrażalna psychoza, zastosowano wymienione wcześniej obostrzenia i media codziennie bombardują widzów, słuchaczy i czytelników przerażającymi komunikatami z frontu walki z wirusem. Nikt nie zastanawia się skąd to się wzięło, czy informacje są rzetelne, czy testy są rzetelne, czy obostrzenia są słuszne i skuteczne.

Przeciętny telewidz, zmęczony po pracy lub wypoczęty jako emeryt, uruchamia wieczorem swój telewizor i z każdego kanału słyszy straszne wiadomości: „dzisiaj zakażono 1000 osób, dwie zmarły, noś maseczkę, polewaj ręce spirytusem! Aaaaa! A potem telewidz idzie spać, i nad ranem boi się wyjść z domu i patrzy na ludzi na ulicy jak na dziki zarażone pomorem świń.

Przeżyłem trudne chwile przez ten „zajob”: zakaz odwiedzin matki w DPS, jej samotną śmierć, pogrzeb bez udziału rodziny, brak kontaktu z synem i wnukami przez miesiąc, kłopoty z instytucjami, które nie przyjmowały klientów-petentów, kłopoty ze zdrowiem i tzw telefoniczne porady zabunkrowanych lekarzy.

A inni ludzie? Któż policzy dramaty i wręcz tragedie, które wynikły z zatrzymania działania całego państwa i innych państw. Kto policzy straty w firmach, bankructwa, utraty pracy, samobójstwa…

Komuś jednak opłacało się zatrzymanie całego świata.

Palcem takich osób nie wskażę, ale mogę jedynie wskazać sektory, które w jakiś sposób zyskały na tej dziwnej wojnie: bankowy (kredyty, nawet dla całego świata…), farmaceutyczny, medyczny oraz rządy państw, które dosłownie zniewoliły swych obywateli…

Spis treści